BONAPARTE,

LES DÉPUTÉS, LES FÉDÉRÉS,

LA GUERRE

ET L'ANARCHIE.

Par M. le Baron SATGÉ,

Assassiné à Toulouse, le 3 Mai 1815.

Multa in paucis.

PARIS,

DE L'IMPRIMERIE DE HOCQUET,

RUE DU FAUBOURG MONTMARTRE, N°. 4.

Juillet 1815.

BONAPARTE,

LES DÉPUTÉS, LES FEDÉRÉS,

LA GUERRE ET L'ANARCHIE.

Il est un seul moyen de sauver la France des fléaux dont parle le titre de ma brochure, et ce moyen n'est pas tout entier dans la main du Roi. Quelqu'étendue de génie qu'ait Sa Majesté, quelque forte que soit sa tête, il a besoin d'un grand secours étranger. Que faire alors ? s'entourer de fidèles serviteurs, d'hommes probes et éclairés, pleins d'amour, de respect, de dévouement; qui soient à l'abri non-seulement de toutes les séductions, mais capables encore d'agrandir le domaine de la sagesse, en agrandissant le cercle de nos idées morales et de nos sentimens : c'est de ce choix que dépend la paix, la concorde générale, l'harmonie intérieure, et la vraie félicité.

Loin des charges publiques, par exemple, les hommes farouches et pervers qui voulaient, à la honte de l'espèce humaine, se faire un marche pied de leur audace et de leur manque absolu de morale et de principes. Ces malheureux n'ont que trop cherché à pervertir l'esprit public; et

ils ont laissé des impressions qu'il faut se hâter de détruire. Le peuple devient méchant ou bon suivant l'exemple qu'on lui donne; son âme est celle du brigand ou du sage qui le conduit.

Le premier intérêt du Roi et de la France, est de punir ceux qui voulaient sacrifier la France et le Roi, ceux qui voulaient dévaster et ravager leur pays, en faire un désert sanglant, un vaste tombeau. C'est dans ce moment surtout, qu'il faut du zèle et de la prévoyance, pour éviter dans la suite de nouvelles calamités.

Il ne suffit donc pas de dissiper les méchans, il faut les atteindre. C'est à recommencer si l'on montre de l'irrésolution ou de la crainte. Ce qui fut d'abord un prodige de bonté, serait à présent un excès de faiblesse.

Que ceux qui ont outragé le meilleur des Rois aillent porter leur remord dans un autre hémisphère; qu'ils suivent cette bête féroce qui n'était sortie de l'île d'Elbe, que pour s'abreuver encore de notre sang.

Qui pouvait croire, sans être totalement aveuglé, que les puissances de l'Europe fléchiraient devant Bonaparte, qu'elles céderaient à l'orgueil rebelle d'un usurpateur? était-il difficile de sentir sa folie, son ivresse et son égarement?

Ainsi donc, il fallait être dépourvu de raison; il fallait être impie et sacrilège pour remettre le fer et le feu dans la main dure et cruelle d'un pareil forcené. Gloire à ceux qui nous ont vengé de ses injures; qui ont réduit en poussière le sceptre de l'iniquité.

Fédérés, voulez-vous qu'on enchaîne, qu'on emprisonne les gens de bien, les Royalistes, ou bien ceux qui méritent d'être enchaînés et emprisonnés ? Dites avec les députés : ô trompeuses espérances des hommes ! ô fragilité de la condition humaine ! ô vanité de nos pensées et de nos projets confondus au commencement de notre carrière !

Pour faire de vous de zélés partisans, on vous promettait la liberté, l'indépendance; ce qui voulait dire tacitement les dépouilles du riche, et toutes les ressources du brigandage : la licence, la rapacité, le saccagement, la noblesse et la candeur de Marat et de Robespierre.

Ne croyez pas que personne vous excuse : vous vouliez le désordre, compagnon de tous les malheurs, et sans nos braves alliés, qui sait jusqu'où vous auriez porté les excès de votre folie ? Le retour du Roi est un bienfait trop signalé pour ne pas leur rendre mille action de grâce (1).

---

(1) On sait que les alliés n'ont combattu que par nécessité et pour assurer le repos du genre humain ; cela est si vrai qu'ils gémissaient sur le sang qu'ils étaient forcés de répandre.

Il faut séparer néanmoins l'esprit de la nation française, de la volonté licencieuse de quelques milliers de factieux. Peut-on croire qu'un peuple brillant , ingénieux , magnifique , instruit par ses propres malheurs , voulut une seconde fois tomber dans l'anarchie , et faire de sa patrie le théâtre de tous les crimes et de toutes les fureurs ?

Malheureux Français ! que deviendraient alors tes villes superbes, tes campagnes les plus riches de l'univers ? tout serait perdu , tout serait détruit ! La mort, l'effroi, la solitude y régneraient ; la peste révolutionnaire en ferait de vastes tombeaux , où elle dominerait en silence sur des cendres et des débris.

Le cœur se serre, l'imagination se noircit en pensant à l'anarchie, si bien peinte dans ces vers :

> Ce monstre qui naguère entouré d'échafauds,
> Commandait à la mort et fatiguait sa faulx ;
> Qui partageant la France en bourreaux, en victimes,
> Transformait nos cités en de vastes abîmes ;
> Où l'ami des vertus, le favori des arts,
> Les timides enfans et les faibles vieillards,
> Expiant leur talent , leur trésor, leur naissance,
> Tombaient tous convaincus de la même innocence.

Une guerre injuste offre seule des abîmes si noirs, des gouffres si profonds. C'est donc à tort qu'on souffrait Bonaparte, qui, comme la peste, les volcans et les déluges, ne voulait s'illustrer que par des ravages.

La guerre n'est juste que quand elle est nécessaire, que quand le bien être d'une nation est véritablement en danger ; elle est juste et nécessaire lorsque sans elle on ne peut être assuré de la paix. *Justum est bellum quibus est necessarium, etc.* Tite-Live.

Malheur à la nation qui, en trempant ses armes dans le sang, se forme dans la science de se détruire ; malheur au souverain qui force l'homme à s'armer pour détruire son semblable, pour écraser son frère sans colère ni ressentiment. Les tigres, les ours, les lions, pressés par l'aiguillon d'une faim dévorante, ont une cruauté moins atroce et mieux fondée. Regardez les ruisseaux de sang qui coulent ! cent mille hommes sont égorgés par la frénésie d'un seul : ils tombent les uns sur les autres, sans nom, sans mémoire, sans être regrettés, sans être connus ; ils tombent ces infortunés, et meurent sous mille formes plus douloureuses les unes que les autres, tandis que les plus à plaindre conservent un reste de vie.

Loin de nous la guerre, cet art infernal ! loin de nous cet homme sanguinaire, cet ambitieux, qui au lieu de s'abandonner au désespoir, de s'arracher les cheveux, de verser un torrent de larmes à l'aspect d'une vaste plaine, semée de membres mutilés, la traversait d'un air triomphant, trempant ses pieds dans le sang de nos frères, marchant sur les cadavres de nos amis.

Quel spectacle , grand dieu , que celui de la guerre ! le cœur se déchire à la seule pensée des maux qu'elle produit : des villes embrâsées , des campagnes fumantes, des hommes étendus et mourans , mêlés avec des chevaux, d'autres se traînant à demi écrasés et poussant des cris effroyables ; des yeux éteints , des visages pâles et sanglans que couvrent des cheveux hérissés ; des voix suppliantes invoquant le trépas , toutes les scènes de douleur, de souffrance, de cruauté ; tous les tableaux de la rage , de la fureur, du désespoir, toutes les sortes de blessures , tous les genres de mort, tous les tourmens rassemblés ; la nature et l'humanité mille fois outragées. Et voilà ce qu'on appelait les merveilles de Buonaparte! et voilà ce grand homme¹ cet homme qui naguère croyait tenir dans sa main le sort des rois et le destin du monde.

Jamais il ne sut s'arrêter, se modérer, ni serrer de près la fortune qui est glissante. Il ignorait *qu'on déracine en une heure le plus grand arbre , que le lion devient quelquefois la pâture des plus petits oiseaux, que la rouille détruit le fer, que le plus fort peut avoir à craindre le plus faible.*

Voici le tableau que je mis sous ses yeux, il y a quelques années :

L'homme, qui n'est heureux que par la paix, a la fureur de s'armer pour son malheur, et de combattre pour sa ruine. Excité

par l'insatiable avidité , aveuglé par l'ambi-
tion encore plus insatiable , il renonce aux
sentimens d'humanité, tourne toute ses for-
ces contre lui-même , cherche à s'entre-dé-
truire , se détruit en effet; et après ces jours
de sang et de carnage , lorsque la fumée de
la gloire s'est dissipée, il voit d'un œil triste
la terre dévastée, les arts ensevelis, les na-
tions dispersées , les peuples affaiblis , son
propre bonheur ruiné, et sa puissance réelle
anéantie

Il était aisé de sentir l'utilité de cette le-
çon ; mais la soif insatiable de domina-
tion et de conquête , sa fausse gloire, son
transport frénétique , ont produit sa faiblesse , son humiliation , l'ont conduit à
l'exil , et dans le dédale d'une vie errante.
Toujours, et dans cet état même, il a trouvé
de lâches partisans et de féroces apologis-
tes. Par une bassesse indigne de la gloire
militaire et de l'honneur français , le traî-
tre , le parjure *Decaen* lui proteste son dévouement sans bornes, et sa fidélité invio-
lable; il ne doit plus, dit-il , que haine et pros-
cription à nos légitimes souverains. Il leur
conseille de trembler s'ils osent reparaître
sur notre territoire. Ses signes de ralliement
sont les aigles du grand Napoléon, planant
sur les couleurs nationales, etc. etc. (Voyez
sa proclamation du 5 juin 1815.) J'ai cité ce
général , parce qu'il m'importe de le faire
connaître.

On verra par le mémoire qui est à la fin ,

que j'avais découvert les projets du débarquement de Bonaparte, que j'en avais fait
part à M. de Luxembourg de vive-voix, et
dans un écrit qui finissait ainsi : « Plutòt
mourir que de ne pas révéler une chose
d'où peut dépendre le salut de mon Roi et
de ma patrie. » Par cette phrase, je voyais
dès-lors que je creusais le tombeau où j'ai
failli descendre.

D'habiles chirurgiens furent effrayés à
l'aspect des horribles coups, des épouvan-
tables blessures que j'ai reçues. *Naudin*,
Cayrel, agréez les remerciemens les plus
sincères ; car sans vous, sans vos talens, je
ne serais déjà qu'une ombre inanimée.

Braves habitans de Toulouse, et vous
aussi sexe charmant, qui tous en nombre
incalculable, daignàtes visiter mille fois
mon triste réduit, pour me prodiguer vos
soins les plus généreux ; recevez le tribut
de ma sensibilité et de mes larmes de re-
connaissance. La terreur seule fut capable
de vous éloigner de moi, pour porter votre tristesse dans les vallons délicieux, dans
les plaines fertiles qui bordent la Garonne.

Un autre motif peut avoir contribué à
mon assassinat; c'est la lettre que j'écrivis à
M. *Romiguère* le premier mai. Cette lettre
avait pour objet de modérer le zèle, ou la
rage de ce fameux avocat de Toulouse, de-
venu lieutenant-général de police, et en-
suite député à Paris. Après avoir répondu à

son ordonnance du 29 avril , je m'exprime
en ces termes :

« Songez à tout ce qu'exige d'Aguesseau
d'un homme de votre profession , et perdez
l'espérance de voir triompher la cause de la
canaille. Faites choix d'un meilleur client
que l'échapé de l'île d'Elbe , qui va périr
misérablement , et vous aussi , si vous n'y
prenez garde (j'avais vu chez le peintre
Dignat des jeunes gens armés contre *la
Romiguère.*) Mettez une différence entre
la paix et la guerre , entre un bon roi et
un aventurier cruel ; entre celui qui depuis
dix mois a mérité tout notre amour , et celui
qui depuis dix ans est entouré de l'animad-
version publique. Voyez comme l'un ap-
pelle dans ses bras paternels jusqu'au plus per-
fide de ses enfans, et comme l'autre voudrait
incendier toute la terre. Il s'agite le brigand,
mais ses efforts seront vains ; on connaît au-
jourd'hui sa tyrannie insolente , son despo-
tisme de sang et de fer.

» Qua'-t-il fait le misérable en revenant
parmi nous ? il a excité une seconde fois
l'indignation publique, qui le poursuivra
par tout, et portera son nom avec horreur
d'âge en âge à travers les siècles, jusqu'à
la dernière postérité.

» Pour vous , monsieur , je ne puis vous
dire le degré de mépris que vous attire une
pareille charge , sans compter le danger
d'être pendu ou poignardé.

» Agréez, etc,

» *Signé*, Satgé. »

Je suis d'autant plus porté à croire que cette lettre a contribué à mon assassinat, que l'assassin lui même, ayant encore dans sa main son sabre dégoûtant de mon sang, à déclaré devant douze témoins qu'il m'avait massacré par ordre de *la Romiguère* (1).

Pour moi la vie n'était rien à cette époque. J'avais revu l'étendard de la guerre déjà trempé dans un déluge de sang. Ma tête meurtrie et déchirée pensait moins à *Sans-Géne*, mon assassin, qu'à l'assassin public; et mes yeux égarés par les plus vives souffrances, semblaient le voir encore, portant en France le germe de tous les crimes et de tous les malheurs.

Le Roi, le Roi seul est capable de faire notre bonheur, par les excellentes qualités de son esprit et de son cœur. Mais je désire que la tempête instruise le nautonier, et qu'il se rappèle que si la vertu courageuse affermit les états, la faiblesse au contraire en hâte la décadence et la ruine.

Je désire aussi que la bonté de nos princes légitimes et la générosité de nos alliés, forment dans cette circonstance les nœuds d'une éternelle paix. Mes expressions s'arrettent; elles sont faibles pour mes sentimens.

Vive le Roi ! Vivent les Bourbons !

---

(1) Le prétexte de l'affiche arrachée, fut bien mal imaginé ; puisqu'il est prouvé qu'elle était intacte après l'assassinat.

AU ROI.

SIRE,

Fixé à Toulouse avec ma famille, j'y appris, le 12 février 1815, les projets du débarquement de Bonaparte. J'abandonne ma femme malade, et mes enfans; j'accours à Paris, et je fis part à M. le duc de Luxembourg de ce que le hazard m'avait fait connaître.

D'après l'avis du Capitaine des Gardes de Votre Majesté, je m'occupe à recueillir de plus amples renseignemens. Je vais à Bordeaux, où, d'après mes indications, M. de la Roche-Jacquelin fit retirer une lettre très-importante adressée à Bonaparte sous le nom de *Mercier*.

Pour prix de mes services et de mes indications, je fus détenu dix-sept jours par ordre du général Decaen, qui feignit de ne pas croire que j'eusse fait la révélation à M. de Luxembourg. Rendu à la liberté par décret général, je retourne à Toulouse, et, au bout de quelque tems, je fus, à dix heures du soir, assassiné, laissé pour mort, et abandonné même des chirurgiens les plus habiles.

Rendu à la vie contre tout espoir, glorieux de mes inéfaçables cicatrices, j'attends, Sire, de votre justice, indemnité de mes dépenses et récompense de mes services.

Baron de Satgé,

Paris, 14 Juillet 1815.

A M. le Duc de Luxembourg.

Monseigneur,

J'ai l'honneur de vous soumettre le Mémoire que je vais présenter au Roi ; j'ose espérer que vous ne refuserez pas de l'apostiller, et de certifier que ce qui vous concerne est la vérité.

Vous rendrez service à un homme qui a fait son possible pour en rendre un grand à l'Etat, et a été victime de son zèle.

Je suis très-respectueusement, etc.

Baron DE SATGÉ.

Je soussigné certifie que vers la fin du mois de février dernier, monsieur le baron Satgé parla des projets de Bonaparte de venir à Paris, à monseigneur le duc de Luxembourg, Capitaine des gardes du corps, et qu'il lui remit un écrit à ce sujet.

Je certifie encore avoir reçu dudit Baron Satgé une lettre timbrée de Bordeaux, dans laquelle il annonce la prochaine arrivée à Paris de monsieur de la Roche-Jacquelin, chargé par lui de donner des renseignemens sur le même objet, laquelle je remis à monseigneur le duc de Luxembourg, qui peut garantir l'authenticité de ma déclaration.

Faite à Paris, le 21 juillet 1815.

Le chevalier de Saint-Louis, JOSEPH DE BOIXO.

Je soussigné, certifie que huit à dix jours avant la nouvelle du débarquement de Bonaparte, monsieur le baron de Satgé me dit qu'il allait rendre au Roi et à la France le plus grand de tous les services; qu'il ne pouvait m'en dire davantage, mais que bientôt un grand événement me dévoilerait son secret.

En foi de quoi, je signe le présent.

Paris, le 20 juillet 1815.

J. E. DARGENT, Lib.

Nous, Docteurs en médecine et Chirugiens, soussignés,

Certifions avoir été requis le trois du courant, à onze heures du soir, pour vérifier monsieur Satgé, que nous avons trouvé nageant dans son sang. Après avoir attentivement examiné le malade, nous avons observé :

1º. Une plaie à lambeau avec dénudation des os du crâne, de l'étendue de trois pouces et demi, située à la partie supérieure et latérale de la tête; elle commence à la partie antérieure de la bosse pariétale, et finit à la partie postérieure et supérieure de la tubérosité mastoïdienne du même côté.

2º. Une seconde plaie moins étendue que la précédente et située du même côté de la tête, qui s'étend depuis l'angle rentrant du toupet, jusqu'à la partie supérieure du pavillon de l'oreille; elle intéresse le cuir chevelu, les aponévroses et les fibres charnues du masseter, et le périoste de la fosse temporale.

3º. Une troisième blessure qui est obliquement dirigée de dedans en déhors, et de haut en bas, et étendue depuis l'angle externe de l'œil droit, jusqu'à la partie antérieure et inférieure du pavillon de l'oreille du même coté. Cette plaie a intéressé la peau, le muscle palpébral, et la superficie de l'os de la pomette et de l'arcade zygomatique.

Ces trois blessures, qui ont été faites par un instrument tranchant, sont à lambeau, la base de ce dernier est en bas, et le bord libre en haut, d'où nous avons conclu que l'instrument vulnérant a été porté de haut en bas, et de dehors en dedans.

La grande quantité de sang que le blessé a perdu, provenant principalement de la division des branches artérielles des temporales et de l'occipitale, et la lésion des os du crâne, rendent ces plaies graves. Nous pensons néanmoins que le malade pourra, à l'aide des soins que nous lui prodiguerons, être guéri dans l'espace d'un mois ou environ, à moins que les accidens qui compliquent quelquefois ces espèces de blessures, tels que l'inflammation des meninges, la nécros des os mis à nu, etc. ne se manifestent.

Fait à Toulouse, le 4 mai 1816.

NAUDIN, CAYREL.